W0186270

Marie-Laure Tombini

ITALIE

MANGO

SOMMAIRE

Antipasti & Salades

Primo pasti

Secondi pasti

Arancini au jambon

Pour 8 personnes
Préparation : 10 min
Cuisson : 25 min (risotto), 3 à 4 min (friture)
Repos : 12 h

Pour le risotto

200 g de riz spécial risotto (Arborio ou Carnaroli)
1 oignon
40 g de parmesan fraîchement râpé
1 dosette de safran
75 cl de bouillon de légumes chaud
10 cl de vin blanc sec
2 cuillerées à soupe d'huile d'olive
sel, poivre

Pour la friture

2 tranches de jambon blanc
1 gros œuf battu
120 g de chapelure
huile de friture

1. Pelez et émincez finement l'oignon.
2. Dans une sauteuse, faites fondre l'oignon 3 minutes à feu moyen avec l'huile d'olive. Ajoutez le riz et laissez-le nacrer 2 à 3 minutes en remuant.
3. Versez le vin blanc dans la sauteuse. Portez à ébullition et laissez bouillir jusqu'à réduction presque complète du liquide.
4. Versez ensuite 1 louche de bouillon et mélangez. Lorsqu'elle est totalement évaporée, versez le reste du bouillon louche après louche : comptez environ 25 minutes de cuisson à feu doux.
5. Ajoutez le parmesan et le safran. Salez légèrement et poivrez. Laissez reposer le risotto une nuit au réfrigérateur.
6. Le lendemain, coupez le jambon en petits dés. Formez des boules de risotto de la taille d'un œuf et insérez quelques dés de jambon à l'intérieur.
7. Roulez les boules dans l'œuf battu puis dans la chapelure.
8. Faites chauffer l'huile de friture à 180 °C puis plongez les boules de riz 3 à 4 minutes jusqu'à ce qu'elles soient dorées. Égouttez-les sur du papier absorbant. Servez aussitôt.

Mini-tartelettes chèvre-tomate

Pour une trentaine
de tartelettes
Préparation : 15 min
Cuisson : 10 à 15 min

1 rouleau de pâte
feuilletée
200 g de chèvre frais
250 g de tomates cerises
herbes de Provence

1. Préchauffez le four à 200 °C (th. 6-7).
2. Déroulez la pâte feuilletée. À l'aide d'un emporte-pièce de 4 cm de diamètre (ou d'une tasse), découpez des disques de pâte. Placez-les sur une plaque à pâtisserie recouverte de papier sulfurisé.
3. Sur chaque tartelette déposez 1 cuillerée à café de chèvre frais puis ½ tomate cerise. Saupoudrez d'herbes de Provence.
4. Enfournez les tartelettes et faites cuire 10 à 15 minutes. Servez-les tièdes ou froides.

Sandwichs jambon cru-tapenade

Pour 2 personnes
Préparation : 10 min
Cuisson : 20 min

4 tranches de pain de mie
4 tranches de jambon cru
1 poivron
60 g de tapenade
20 g de mâche

1. Placez le poivron sous le gril du four pendant 20 minutes environ en le retournant régulièrement jusqu'à ce que la peau noircisse et cloque. Enveloppez-le dans une feuille d'aluminium et laissez-le ainsi tiédir durant 15 minutes.
2. Pelez le poivron, coupez-le en deux et ôtez les pépins.
3. Coupez le jambon cru en lanières.
4. Toastez les tranches de pain. Tartinez-les de tapenade.
5. Réalisez les sandwichs : sur 1 tranche de pain, déposez ½ poivron et des lanières de jambon. Répartissez la mâche par-dessus puis recouvrez d'une autre tranche de pain.

Pizza napolitaine

Pour 6 personnes
Préparation : 30 min
Cuisson : 20 min
Repos : 2 h

Pour la pâte
400 g de farine
1 sachet de levure de boulanger déshydratée
1 cuillerée à soupe d'huile d'olive
25 cl d'eau tiède
½ cuillerée à café de sel

Pour la garniture
200 g de mozzarella au lait de bufflonne
20 anchois
150 g d'olives vertes dénoyautées
300 g de sauce tomate
thym et origan en poudre

1. Réalisez la pâte : délayez la levure dans 3 cuillerées à soupe d'eau tiède et laissez lever 15 minutes.
2. Déposez la farine dans un saladier et formez un puits. Ajoutez la levure, le reste d'eau, le sel et l'huile. Mélangez les ingrédients avec les mains puis pétrissez la pâte 10 minutes environ : elle doit être souple et homogène (ajoutez un peu d'eau ou de farine si nécessaire). Laissez lever 2 heures sous un linge humide dans un endroit tempéré.
3. Partagez la pâte en 6 boules. Aplatissez-les sur du papier sulfurisé et laissez reposer 5 minutes.
4. Préchauffez le four à 180 °C (th. 6).
5. Modelez à nouveau chaque disque de pâte. Étalez dessus la sauce tomate. Répartissez la mozzarella coupée en morceaux, les olives noires et les anchois. Saupoudrez de thym et d'origan.
6. Enfournez 20 minutes. Servez aussitôt.

Pizza margherita

Pour 4 personnes
Préparation : 10 min
Cuisson : 12 à 15 min

250 g de pâte à pizza (toute prête ou maison)
1 boule de mozzarella au lait de bufflonne (125 g)
5 cuillerées à soupe de sauce tomate
10 feuilles de basilic
gruyère râpé

1. Préchauffez le four à 180 °C (th. 6).
2. Sur une plaque à pâtisserie recouverte de papier cuisson, étalez finement la pâte en un cercle de 26 à 30 cm. Recouvrez-la de sauce tomate. Garnissez-la de rondelles de mozzarella et saupoudrez de gruyère.
3. Enfournez et faites cuire 12 à 15 minutes.
4. À la sortie du four, parsemez la pizza de feuilles de basilic. Servez sans attendre.

Pizza au saumon, pesto et mozzarella

Pour 4 personnes
Préparation : 20 min
Cuisson : 8 min

250 g de pâte à pizza (toute prête ou maison)
70 g de saumon fumé
3 tomates
1 boule de mozzarella au lait de bufflonne (125 g)
5 cl de sauce tomate
sel

Pour le pesto
½ bouquet de basilic
20 g de pignons de pin
10 g de parmesan fraîchement râpé
5 cl d'huile d'olive

1. Préchauffez le four à 220 °C (th. 7-8).
2. Lavez les tomates, coupez-les en rondelles puis épépinez-les. Saupoudrez-les de sel et faites-les dégorger dans une passoire pendant 10 minutes.
3. Sur une plaque à pâtisserie tapissée de papier cuisson, étalez la pâte en un cercle de 26 à 30 cm selon l'épaisseur souhaitée. Recouvrez-la de sauce tomate. Disposez les rondelles de tomate puis le saumon en dés. Ajoutez la mozzarella coupée en tranches.
4. Enfournez et faites cuire 8 minutes.
5. Pendant ce temps, confectionnez le pesto : mixez finement le basilic avec les pignons, le parmesan et l'huile d'olive. Ajoutez ensuite 3 cuillerées à soupe d'eau pour fluidifier le mélange.
6. Lorsque la pizza est cuite et bien dorée, sortez-la aussitôt du four et zébrez la surface avec le pesto. Servez aussitôt.

Polenta aux herbes et au pecorino

Pour 4 personnes
Préparation : 15 min
Cuisson : 5 min
Réfrigération : 1 h

100 g de polenta
70 g de pecorino fraîchement râpé
30 cl de lait
1 cuillerée à café d'herbes de Provence
huile pour le plat
sel, poivre

1. Dans une casserole, portez le lait à ébullition. Ajoutez la polenta, le pecorino et les herbes. Salez légèrement et poivrez. Mélangez et faites cuire 5 minutes environ sur feu doux en remuant régulièrement jusqu'à ce que la polenta épaississe.
2. Étalez la préparation dans un plat huilé, sur 2 cm d'épaisseur, et laissez refroidir 1 heure minimum au réfrigérateur.
3. Préchauffez le four à 180 °C (th. 6).
4. Découpez la polenta en carrés. Déposez-les dans le plat et réchauffez-les 3 à 5 minutes au four.

Mon conseil : servez avec une lamelle de pecorino parfumé au piment.

Rouleaux de jambon cru au chèvre frais et au raisin

Pour 5 personnes
Préparation : 20 min
Sans cuisson

10 tranches de jambon de pays
120 g de fromage de chèvre frais
100 g de raisin frais (une vingtaine de grains de taille moyenne)

1. Sur chaque tranche de jambon, déposez dans la largeur un cordon de fromage de chèvre.
2. Recouvrez-le de grains de raisin coupés en deux.
3. Enroulez délicatement la tranche de jambon sur elle-même. Dégustez bien frais.

Roulés de courgette au poulet

Pour une vingtaine
de bouchées
Préparation : 20 min
Cuisson : 10 min

1 courgette
2 blancs de poulet
1 cube de bouillon
de volaille
1 cuillerée à café
de curcuma
sel, poivre

1. Dans une casserole, portez à ébullition 50 cl d'eau puis faites fondre le cube de bouillon.
2. Plongez les blancs de poulet dans le bouillon et faites cuire 10 minutes. Laissez refroidir.
3. Coupez les blancs de poulet en une vingtaine de gros dés. Salez, poivrez et saupoudrez de curcuma.
4. À l'aide d'un économe ou d'une mandoline, détaillez de longues lanières de courgette (autant que de dés de poulet). Salez, poivrez et laissez dégorger 10 minutes environ. Tamponnez-les avec un papier absorbant.
5. Enroulez 1 dé de poulet dans 1 lanière de courgette et maintenez à l'aide d'une petite pique en bois.

Tomates cerises séchées et confites

Pour 1 bocal
de tomates
Préparation : 5 min
Cuisson : 1 h 30 à 2 h

125 g de tomates cerises
1 cuillerée à café
d'herbes de Provence
huile d'olive
sel

1. Préchauffez le four à 100 °C (th. 3-4).
2. Lavez les tomates cerises et coupez-les en deux. Placez-les sur une plaque à pâtisserie recouverte de papier sulfurisé, face bombée contre la plaque. Saupoudrez-les de sel et d'herbes de Provence. Arrosez d'un filet d'huile d'olive.
3. Enfournez pendant 1 h 30 à 2 heures jusqu'à ce que les tomates soient bien desséchées.
4. Conservez ces tomates confites dans un bocal rempli d'huile d'olive.

Mon conseil : utilisez ces tomates pour agrémenter des salades, cakes, taboulés…

Cake roquette, pancetta et parmesan

Pour 8 personnes
Préparation : 30 min
Cuisson : 50 min

4 œufs
160 g de farine
1 sachet de levure chimique
100 g de roquette
100 g de pancetta
80 g de parmesan fraîchement râpé
10 cl de vin blanc
8 cl d'huile + un peu pour le moule
sel, poivre

1. Préchauffez le four à 180 °C (th. 6).
2. Dans un saladier, fouettez les œufs avec la farine et la levure. Incorporez le vin blanc, l'huile et le parmesan.
3. Déchiquetez grossièrement la roquette avec les mains. Coupez la pancetta en morceaux. Ajoutez ces deux ingrédients au mélange précédent. Salez légèrement et poivrez.
4. Versez la préparation dans un moule à cake légèrement huilé. Enfournez et faites cuire 50 minutes environ.
5. Laissez refroidir le cake avant de le démouler puis coupez-le en tranches.

Focaccia aux lardons et aux oignons rouges

Pour 8 personnes
Préparation : 30 min
Cuisson : 30 min
Repos : 1 h

500 g de farine de blé T65
1 sachet de levure de boulanger déshydratée
150 g de lardons
2 oignons rouges
herbes de Provence
30 cl d'eau tiède
huile d'olive
1 pincée de sel

1. Réalisez la pâte : délayez la levure dans 3 cuillerées à soupe d'eau tiède et laissez lever 15 minutes.
2. Dans un saladier, versez la farine, la levure, le reste d'eau, 2 cuillerées à soupe d'huile d'olive et le sel. Pétrissez l'ensemble des ingrédients à la main pendant 10 minutes environ pour avoir une pâte bien élastique. Laissez-la lever 45 minutes dans un endroit tempéré.
3. Préchauffez le four à 180 °C (th. 6).
4. Déposez la pâte sur un plan de travail fariné et étalez-la en un grand rectangle de la taille de votre plaque à pâtisserie.
5. Pelez et émincez les oignons.
6. Placez le rectangle de pâte sur la plaque recouverte de papier cuisson. Répartissez les lardons et les lamelles d'oignons. Arrosez d'un filet d'huile d'olive et parsemez d'herbes de Provence.
7. Enfournez et faites cuire 30 minutes environ.
8. Dégustez la focaccia tiède ou froide à l'apéritif, coupée en carrés.

Focaccia aux poivrons rouges

Pour 8 personnes
Préparation : 30 min
Cuisson : 20 min
(les poivrons),
30 min (la focaccia)
Repos : 1 h

500 g de farine de blé T65
1 sachet de levure
de boulanger déshydratée
2 poivrons rouges
15 olives noires
dénoyautées
herbes de Provence
30 cl d'eau tiède
huile d'olive
sel

1. Délayez la levure dans 3 cuillerées à soupe d'eau tiède et laissez lever 15 minutes.
2. Dans un saladier, versez la farine, la levure, le reste d'eau, 2 cuillerées à soupe d'huile et 1 pincée de sel. Pétrissez le tout à la main 10 minutes. Laissez la pâte lever 45 minutes dans un endroit tempéré.
3. Pendant ce temps, passez les poivrons 20 minutes sous le gril du four en les retournant régulièrement. Enfermez-les hermétiquement dans un sac congélation et laissez-les tiédir.
4. Pelez et épépinez les poivrons. Coupez-les en lanières.
5. Préchauffez le four à 180 °C (th. 6).
6. Étalez la pâte sur un plan de travail fariné en un grand rectangle de la taille de votre plaque à pâtisserie. Placez le rectangle de pâte sur la plaque recouverte de papier cuisson. Répartissez les poivrons et les olives. Arrosez d'un filet d'huile et parsemez d'herbes de Provence et d'un peu de sel.
7. Enfournez et faites cuire 30 minutes.

Cœurs d'artichaut farcis à la ricotta

Pour 4 personnes
Préparation : 20 min
Cuisson : 10 min

8 fonds d'artichaut cuits (surgelés ou en conserve)
2 tranches de jambon cru
250 g de ricotta
80 g de parmesan fraîchement râpé
1 échalote

1. Préchauffez le four à 180 °C (th. 6).
2. Pelez et hachez finement l'échalote.
3. Coupez le jambon en petits dés.
4. Dans un saladier, mélangez la ricotta avec l'échalote, le jambon et la moitié du parmesan.
5. Répartissez cette farce sur les fonds d'artichaut. Saupoudrez-les du reste de parmesan.
6. Déposez les artichauts farcis dans un plat allant au four. Enfournez pendant 10 minutes. Servez-les chauds ou froids.

Poivrons farcis à la mozzarella

Pour 6 personnes
Préparation : 30 min
Cuisson : 20 min

3 poivrons
2 tomates
1 boule de mozzarella au lait de bufflonne (125 g)
2 gros œufs
40 g de parmesan fraîchement râpé
120 g de chapelure
sel, poivre

1. Préchauffez le four à 180 °C (th. 6).
2. Lavez les poivrons, coupez-les en deux et retirez les graines.
3. Lavez les tomates et coupez-les en dés.
4. Coupez la mozzarella en petits cubes.
5. Battez les œufs dans un saladier. Ajoutez les tomates, la chapelure et la mozzarella. Salez légèrement et poivrez.
6. Répartissez cette farce dans les demi-poivrons. Saupoudrez-les de parmesan.
7. Déposez les poivrons farcis dans un plat allant au four. Enfournez pendant 20 minutes. Servez-les chauds ou froids.

Frittata aux aubergines

Pour 6 personnes
Préparation : 10 min
Cuisson : 35 min

1 belle aubergine
ou 2 petites (400 g)
1 gros oignon
6 œufs
1 cuillerée à soupe
d'huile d'olive
sel, poivre

1. Pelez et émincez finement l'oignon.
2. Lavez l'aubergine et coupez-la en fins bâtonnets.
3. Dans une sauteuse, faites revenir l'oignon avec l'huile pendant 3 minutes sur feu moyen. Ajoutez l'aubergine, couvrez et laissez cuire 15 minutes à feu doux.
4. Préchauffez le four à 180 °C (th. 6).
5. Battez les œufs dans un saladier. Salez et poivrez. Ajoutez les aubergines et mélangez bien.
6. Versez la préparation dans la sauteuse et couvrez. Enfournez et faites cuire environ 20 minutes jusqu'à ce que l'omelette soit bien prise. Servez chaud ou froid.

Minestrone

Pour 6 à 8 personnes
Préparation : 20 min
Cuisson : 30 min

250 g de petites pâtes (type coquillettes)
2 tomates
1 petite courgette (200 g)
1 poivron rouge
1 petit bulbe de fenouil
1 petite boîte de haricots blancs (350 g)
1 cuillerée à café de graines de fenouil
1 cuillerée à café de graines d'anis
1 cube de bouillon de légumes
sel, poivre

1. Lavez les tomates, la courgette, le poivron et le fenouil puis coupez-les en petits dés.

2. Dans une casserole, déposez tous les dés de légumes. Ajoutez les haricots blancs, les graines de fenouil et d'anis ainsi que le cube de bouillon émietté. Couvrez largement d'eau, salez et poivrez. Portez le mélange à ébullition puis faites cuire 20 minutes à petits bouillons.

3. Ajoutez les pâtes et poursuivez la cuisson 7 minutes en remuant de temps en temps (ajoutez un peu d'eau bouillante si besoin). Servez bien chaud.

Salade de roquette à la mozzarella

Pour 4 personnes
Préparation : 15 min
Cuisson : 10 min

80 g de roquette
100 g de petits pois frais écossés
20 radis roses (140 g environ)
3 tomates
200 g de mozzarella au lait de bufflonne
12 tranches de jambon de pays
le jus de ½ citron
4 cuillerées à soupe d'huile d'olive
sel, poivre

1. Plongez les petits pois dans un grand volume d'eau bouillante salée et laissez cuire 10 minutes. Égouttez-les et passez-les aussitôt sous l'eau froide.
2. Lavez la roquette et déposez-la dans un saladier ou répartissez-la sur les assiettes.
3. Lavez les tomates et les radis. Coupez le tout en rondelles.
4. Détaillez la mozzarella en dés.
5. Dans un bol, mélangez le jus de citron avec l'huile d'olive. Salez et poivrez légèrement.
6. Ajoutez les petits pois et les autres ingrédients dans le saladier de roquette en mélangeant délicatement ou disposez-les harmonieusement sur les assiettes.
7. Servez cette salade accompagnée de tranches de jambon de pays roulées. Arrosez de vinaigrette au citron au dernier moment.

Salade fèves-fenouil

Pour 4 personnes
Préparation : 15 min
Cuisson : 25 min

400 g de fèves fraîches écossées
2 gros bulbes de fenouil
1 oignon
1 cuillerée à café de graines d'anis
1 cuillerée à café de graines de fenouil
1 pincée de safran
3 cuillerées à soupe d'huile d'olive
sel, poivre

1. Faites cuire les fèves dans une grande casserole d'eau bouillante salée pendant 8 minutes. Égouttez-les et passez-les sous l'eau froide. Ôtez la peau qui les recouvre.
2. Pelez l'oignon et coupez-le en fines rondelles. Enlevez la première enveloppe des bulbes de fenouil ; émincez-les en lamelles.
3. Faites chauffer l'huile dans une sauteuse puis faites revenir l'oignon 2 minutes à feu moyen. Ajoutez le fenouil, les épices et 10 cl d'eau. Couvrez et laissez cuire 20 minutes environ sur feu moyen.
4. Ajoutez les fèves dans la sauteuse, mélangez et poursuivez la cuisson 5 minutes. Ajustez l'assaisonnement en sel et poivre.
5. Servez cette salade chaude ou froide.

Mon conseil : pour gagner du temps, vous pouvez utiliser des fèves surgelées déjà pelées.

Salade de courgettes, pignons et parmesan

Pour 4 personnes
Préparation : 10 min
Sans cuisson
Marinade : 1 h

2 courgettes
40 g de parmesan
20 g de pignons de pin
2 cuillerées à soupe de jus de citron (facultatif)
4 cuillerées à soupe d'huile d'olive
sel, poivre

1. Lavez les courgettes et coupez-les en lanières à l'aide d'un économe ou d'une mandoline.
2. Déposez les courgettes dans un saladier. Salez, poivrez et arrosez d'huile d'olive. Mélangez et laissez mariner 1 heure au réfrigérateur.
3. Dans le bloc de parmesan taillez des copeaux à l'aide d'un économe.
4. Au moment de servir, parsemez les courgettes de copeaux de parmesan et de pignons. Si vous aimez les sauces légèrement acidulées, arrosez de jus de citron.

Salade de poivrons, tomates, petits pois et pecorino

Pour 4 personnes
Préparation : 30 min
Cuisson : 15 min

2 gros poivrons rouges
2 grosses tomates
100 g de petits pois écossés
1 petite courgette
50 g de pecorino coupé en lamelles
1 cuillerée à café de thym frais
le jus de ½ citron
2 cuillerées à soupe d'huile d'olive
sel, poivre

1. Déposez les poivrons sur une plaque et passez-les 20 minutes environ sous le gril du four en les retournant régulièrement : la peau doit commencer à noircir et cloquer.
2. Pendant ce temps, faites cuire les petits pois 10 minutes dans une casserole d'eau bouillante salée. Égouttez-les et passez-les sous l'eau froide.
3. Sortez les poivrons du four et enfermez-les hermétiquement dans un sac congélation ou une feuille de papier d'aluminium. Laissez-les ainsi tiédir.
4. Lavez les tomates et coupez-les en dés.
5. Lavez la courgette et détaillez-la en bâtonnets.
6. Pelez et épépinez les poivrons. Coupez-les en lanières.
7. Dans un saladier, mélangez tous les légumes. Ajoutez les lamelles de pecorino et parsemez de thym. Assaisonnez d'huile d'olive, de jus de citron, sel et poivre. Servez bien frais.

Salade caprese

Pour 6 personnes
Préparation : 10 min
Sans cuisson

6 belles tomates
125 g de mozzarella au lait de bufflonne
8 feuilles de basilic
4 cuillerées à soupe d'huile d'olive
sel, poivre

1. Lavez les tomates et coupez-les en rondelles.
2. Coupez la mozzarella en tranches.
3. Ciselez finement le basilic.
4. Répartissez le tout dans un plat et arrosez d'huile d'olive. Salez et poivrez. Servez frais.

Salade de pâtes aux fèves, épinards et feta

Pour 2 personnes
Préparation : 5 min
Cuisson : 10 min

200 g de pâtes type conchiglioni
200 g de fèves surgelées déjà pelées
100 g de pousses d'épinards
100 g de feta
3 cuillerées à soupe d'huile d'olive
sel, poivre

1. Faites cuire les fèves 5 minutes à l'eau bouillante avec 1 pincée de sel. Égouttez-les et passez-les sous l'eau froide.
2. Faites cuire les pâtes al dente dans une grande casserole d'eau bouillante salée.
3. Lavez les épinards et émincez-les en fines lanières. Coupez la feta en cubes.
4. Dans un grand saladier, mélangez les pâtes égouttées et rincées sous l'eau froide avec les fèves, les épinards et la feta. Ajoutez l'huile d'olive, salez, poivrez et servez aussitôt.

Variante : ajoutez des tomates séchées coupées en fines lanières.

Serpentini en salade printanière

Pour 2 à 3 personnes
Préparation : 15 min
Cuisson : 15 min

150 g de serpentini
400 g de petits pois frais
1 mini-concombre
15 radis
1 yaourt
½ cuillerée à café de paprika
1 cuillerée à café de moutarde
1 cuillerée à café de sauce worcestershire
sel, poivre

1. Écossez les petits pois et faites-les cuire 10 à 15 minutes à l'eau bouillante avec 1 pincée de sel.
2. Faites cuire les pâtes al dente dans une grande casserole d'eau bouillante salée.
3. Dans un bol, mélangez le yaourt avec le paprika, la moutarde et la sauce worcestershire.
4. Détaillez les radis et le concombre (lavé mais épluché) en fines rondelles.
5. Égouttez les petits pois et les pâtes. Dans un grand saladier, mélangez les pâtes avec la sauce et les légumes. Salez, poivrez et servez frais.

Timbales de haricots au pesto

Pour 6 personnes
Préparation : 30 min
Cuisson : 30 min

400 g de haricots verts
150 g d'épinards
2 gros œufs
4 cuillerées à soupe de crème liquide

Pour le pesto :
1 bouquet de basilic
6 tomates séchées
30 g de pignons de pin
30 g de parmesan fraîchement râpé
5 cl d'huile d'olive
sel, poivre

1. Préchauffez le four à 180 °C (th. 6).
2. Lavez et équeutez les haricots. Faites-les cuire 10 minutes dans une casserole d'eau bouillante salée. Égouttez-les.
3. Mixez finement les haricots avec les épinards, les œufs et la crème liquide. Salez et poivrez.
4. Répartissez la préparation dans 6 moules à muffins. Enfournez et faites cuire 30 minutes.
5. Pendant ce temps, préparez le pesto : prélevez les feuilles de basilic et mixez-les finement avec les pignons, le parmesan et l'huile.
6. Coupez les tomates séchées en petits dés puis mélangez-les au pesto.
7. Laissez refroidir les flans avant de les démouler. Servez-les bien frais avec la sauce au pesto.

Soufflés asperges-pecorino

Pour 4 personnes
Préparation : 30 min
Cuisson : 25 min

200 g d'asperges
4 œufs
40 g de farine
50 g de pecorino fraîchement râpé
20 cl de lait
40 g de beurre
sel
beurre et farine pour les ramequins

1. Épluchez les asperges en ôtant la base filandreuse. Faites-les cuire 8 minutes dans une casserole d'eau bouillante salée. Égouttez-les et réduisez-les en purée avec une fourchette ou en les mixant brièvement.
2. Préchauffez le four à 180 °C (th. 6).
3. Séparez les blancs d'œufs des jaunes.
4. Dans une casserole, faites fondre le beurre sur feu doux. Versez la farine, mélangez et laissez cuire 2 minutes en remuant pour former un roux blanc. Ajoutez progressivement le lait et laissez épaissir en mélangeant jusqu'à l'obtention d'une béchamel bien lisse.
5. Hors du feu, incorporez les jaunes d'œufs, la purée d'asperges et le fromage.
6. Montez les blancs en neige. Incorporez $1/3$ des blancs dans la préparation puis ajoutez le reste délicatement.
7. Répartissez la préparation dans 4 ramequins beurrés et farinés. Déposez-les dans un plat creux au bain-marie. Enfournez et faites cuire 25 minutes (n'ouvrez surtout pas la porte du four pendant la cuisson). Servez aussitôt.

Tarte sardines-pecorino

Pour 6 personnes
Préparation : 20 min
Cuisson : 30 min
Repos : 30 min

10 filets de sardines fraîches
3 tomates
½ oignon
50 g de pecorino fraîchement râpé
200 g de farine
125 g de beurre
sel

1. Dans un saladier, déposez la farine, 1 pincée de sel et le beurre coupé en petits morceaux. Effritez l'ensemble des ingrédients du bout des doigts pour avoir un mélange sableux. Versez 5 cl d'eau et pétrissez légèrement. Ramassez la pâte en boule, filmez et laissez reposer 30 minutes au réfrigérateur.
2. Pendant ce temps, lavez les tomates, coupez-les en deux et épépinez-les ; détaillez-les en très fines rondelles. Saupoudrez-les de sel et faites-les dégorger 30 minutes dans une passoire.
3. Pelez et émincez l'oignon.
4. Préchauffez le four à 180 °C (th. 6).
5. Étalez la pâte au rouleau et garnissez-en un moule à tarte.
6. Disposez les rondelles de tomates et d'oignons sur la pâte. Parsemez la moitié du pecorino. Couvrez avec les filets de sardines et ajoutez le pecorino restant.
7. Enfournez et faites cuire 30 minutes.

Tarte épinards-ricotta

Pour 6 personnes
Préparation : 20 min
Cuisson : 30 min

1 rouleau de pâte feuilletée
450 g d'épinards frais
3 œufs
250 g de ricotta
5 feuilles de menthe
sel, poivre

1. Préchauffez le four à 180 °C (th. 6).
2. Lavez et équeutez les épinards. Dans une poêle chaude, déposez les feuilles d'épinards et faites-les fondre 2 à 3 minutes sur feu moyen à couvert.
3. Dans un saladier, fouettez les œufs avec la ricotta. Ajoutez la menthe ciselée. Salez et poivrez.
4. Étalez la pâte dans un moule à tarte. Piquez le fond de quelques coups de fourchette. Recouvrez d'épinards et versez le mélange œufs-ricotta par-dessus.
5. Enfournez et faites cuire 30 minutes.

Soupe glacée à la tomate et granité de basilic

Pour 2 personnes
Préparation : 15 min
Sans cuisson
Congélation : 2 h

30 cl de pulpe de tomate
1 bouquet de basilic
une dizaine de glaçons
sel

1. Mixez finement les feuilles de basilic avec 10 cl d'eau. Versez ce jus dans un récipient et placez au congélateur 2 heures environ afin qu'il fige totalement.
2. Grattez le jus de basilic congelé à l'aide d'une fourchette pour obtenir des paillettes.
3. Mixez la pulpe de tomate avec 1 pincée de sel et les glaçons.
4. Répartissez la soupe de tomate dans des verres et décorez de granité de basilic.

Mon conseil : pour obtenir de la pulpe de tomate fraîche, ébouillantez 30 secondes les tomates ; égouttez-les, laissez-les tiédir et pelez-les. Dans un saladier, coupez-les en deux et évidez l'intérieur avec les graines et le jus. Récupérez ce qui reste, c'est-à-dire la pulpe de la tomate.

Velouté de betteraves au gorgonzola

Pour 4 personnes
Préparation : 10 min
Cuisson : 10 min

2 betteraves cuites (450 g)
125 g de gorgonzola
10 cl de crème liquide
2 cuillerées à soupe de vinaigre balsamique
1 baguette de pain aux céréales
sel, poivre

1. Pelez les betteraves et coupez-les en gros cubes. Mixez-les avec 5 cl de crème liquide, le vinaigre et 10 cl d'eau jusqu'à l'obtention d'une texture bien homogène. Salez et poivrez. Réservez au frais.
2. Dans une casserole, faites chauffer à feu doux la crème restante avec le gorgonzola (réservez quelques dés de fromage pour la décoration).
3. Versez le velouté froid dans 4 bols. Répartissez la crème au gorgonzola au centre de la préparation et mélangez. Décorez de dés de fromage.
4. Servez ce velouté avec des tranches de baguette grillée.

Variante : le gorgonzola se marie également parfaitement avec un velouté de tomates ou de courgettes bien frais.

Caponata sicilienne

Pour 6 personnes
Préparation : 20 min
Cuisson : 40 min

1 kg d'aubergines
400 g de tomates
2 oignons
50 g d'olives vertes dénoyautées
2 cuillerées à soupe de câpres
1 cuillerée à soupe de sucre semoule
5 cl d'huile d'olive
4 cuillerées à soupe de vinaigre de vin
sel

1. Pelez et émincez les oignons.
2. Lavez les aubergines et coupez-les en petits dés.
3. Lavez les tomates et coupez-les également en petits dés.
4. Faites chauffer l'huile dans une sauteuse puis faites revenir les oignons et les aubergines 5 minutes à feu moyen. Salez.
5. Ajoutez les tomates, le vinaigre, le sucre, les câpres et les olives. Mélangez le tout, couvrez et laissez mijoter 40 minutes jusqu'à ce que les aubergines soient bien fondantes.
6. Servez bien frais pour accompagner les plats de viande ou de poisson.

Soupe d'orge aux haricots et au parmesan

Pour 4 personnes
Préparation : 10 min
Cuisson : 50 min
Trempage : 2 h

200 g d'orge
200 g de haricots blancs en conserve
1 oignon
1 gousse d'ail
1 litre de bouillon de légumes (réalisé avec 1 cube)
30 g de parmesan fraîchement râpé
sel, poivre

1. Faites tremper l'orge 2 heures dans un grand saladier d'eau froide.
2. Pelez l'oignon et coupez-le en rondelles. Pelez et dégermez la gousse d'ail ; hachez-la finement. Rincez les haricots.
3. Dans une casserole, versez le bouillon froid. Ajoutez l'orge, l'oignon, l'ail et les haricots blancs. Portez à ébullition puis laissez cuire 40 à 50 minutes sur feu moyen, à couvert, pour que les grains d'orge soient totalement cuits.
4. Ajoutez le parmesan, mélangez et prolongez la cuisson 2 minutes. Servez bien chaud.

Variante : vous pouvez remplacer l'orge par une autre céréale comme l'épeautre (ou le petit épeautre).

Gratin de courgettes, tomates et mozzarella

Pour 4 à 6 personnes
Préparation : 15 min
Cuisson : 25 min

1 kg de courgettes
400 g de tomates
1 boule de mozzarella au lait de bufflonne (125 g)
1 cuillerée à café de thym
1 filet d'huile d'olive
sel, poivre

1. Préchauffez le four à 180 °C (th. 6).
2. Lavez les courgettes et coupez-les en lanières.
3. Lavez les tomates et coupez-les en rondelles.
4. Coupez également la mozzarella en rondelles.
5. Dans un plat à gratin, disposez des couches de tomates et de courgettes en les alternant. Saupoudrez chaque couche de sel, poivre et thym. Répartissez les rondelles de mozzarella sur toute la surface du plat. Arrosez d'un filet d'huile d'olive.
6. Enfournez et faites cuire 25 minutes.

Risotto à la milanaise

Pour 4 personnes
Préparation : 10 min
Cuisson : 20 min environ

300 g de riz spécial risotto (Arborio ou Carnaroli)
1 gros oignon
40 g de parmesan fraîchement râpé
1 dose de safran en poudre
1 litre de bouillon de volaille très chaud
10 cl de vin blanc sec
1 cuillerée à soupe d'huile d'olive
sel, poivre

1. Pelez et émincez finement l'oignon. Dans une sauteuse, faites-le fondre 3 minutes sur feu doux avec l'huile d'olive.
2. Ajoutez le riz dans la sauteuse et laissez-le nacrer 2 à 3 minutes à feu moyen afin que les grains deviennent translucides.
3. Versez le vin blanc et faites bouillir jusqu'à réduction presque complète du liquide.
4. Ajoutez 1 louche de bouillon, mélangez et laissez cuire à feu moyen jusqu'à ce que le riz l'ait totalement absorbée. Continuez ainsi la cuisson pendant 20 minutes environ à feu moyen en versant le bouillon louche après louche jusqu'à épuisement.
5. Hors du feu, ajoutez le parmesan et le safran. Salez modérément et poivrez. Mélangez et servez sans attendre.

Risotto aux tomates cerises et au paprika

Pour 4 personnes
Préparation : 15 min
Cuisson : 20 min environ

300 g de riz spécial risotto (Arborio ou Carnaroli)
250 g de tomates cerises
1 oignon
75 g de parmesan fraîchement râpé
½ bouquet de persil
½ cuillerée à café de paprika
5 cl de crème liquide
1 litre de bouillon de volaille très chaud
10 cl de vin blanc sec
1 cuillerée à soupe d'huile d'olive
sel, poivre

1. Pelez et émincez finement l'oignon. Dans une sauteuse, faites-le fondre 3 minutes sur feu doux avec l'huile d'olive.
2. Ajoutez le riz dans la sauteuse et laissez-le nacrer 2 à 3 minutes à feu moyen afin que les grains deviennent translucides.
3. Versez le vin blanc et faites bouillir jusqu'à réduction presque complète du liquide.
4. Ajoutez 1 louche de bouillon, mélangez et laissez cuire à feu moyen jusqu'à ce que le riz l'ait totalement absorbée. Continuez ainsi la cuisson pendant 20 minutes environ à feu moyen en versant le bouillon louche après louche jusqu'à épuisement.
5. Ajoutez le paprika, le persil ciselé et les tomates cerises. Mélangez sur feu doux pendant 2 à 3 minutes.
6. Hors du feu, incorporez la crème liquide et le parmesan. Salez modérément et poivrez. Servez sans attendre.

Risotto aux morilles

Pour 4 personnes
Préparation : 15 min
Cuisson : 20 min environ
Trempage : 15 min

300 g de riz spécial risotto (Arborio ou Carnaroli)
20 g de morilles déshydratées
1 échalote
30 g de parmesan fraîchement râpé
15 cl de crème légère
1 litre de bouillon de légumes très chaud
10 cl de vin blanc sec
1 cuillerée à soupe d'huile d'olive
sel, poivre

1. Plongez les morilles dans un grand bol d'eau chaude durant 15 minutes. Égouttez-les sur un papier absorbant.
2. Pelez et hachez finement l'échalote. Faites-la revenir dans une sauteuse 2 minutes à feu doux avec l'huile.
3. Ajoutez le riz dans la sauteuse et laissez-le nacrer 2 à 3 minutes à feu moyen afin que les grains deviennent translucides.
4. Versez le vin blanc et faites bouillir jusqu'à réduction presque complète du liquide.
5. Ajoutez 1 louche de bouillon, mélangez et laissez cuire à feu moyen jusqu'à ce que le riz l'ait totalement absorbée. Continuez la cuisson pendant 20 minutes environ à feu moyen en versant le bouillon louche après louche jusqu'à épuisement.
6. Ajoutez les morilles et la crème et laissez mijoter encore 2 à 3 minutes.
7. Hors du feu, incorporez le parmesan. Salez modérément et poivrez. Servez sans attendre.

Risotto aux petits pois, menthe et coriandre

Pour 4 personnes
Préparation : 15 min
Cuisson : 25 min

300 g de riz spécial risotto (Arborio ou Carnaroli)
200 g de petits pois frais ou surgelés
1 oignon
½ bouquet de coriandre
½ bouquet de menthe
30 g de parmesan fraîchement râpé
3 cuillerées à soupe de crème liquide
1 litre de bouillon de volaille très chaud
10 cl de vin blanc sec
1 cuillerée à soupe d'huile d'olive
sel, poivre

1. Faites cuire les petits pois 10 minutes dans une casserole d'eau bouillante salée. Égouttez-les et passez-les sous l'eau froide.
2. Lavez et hachez la coriandre et la menthe.
3. Pelez et émincez finement l'oignon. Dans une sauteuse, faites-le fondre 3 minutes sur feu doux avec l'huile d'olive.
4. Ajoutez le riz dans la sauteuse et laissez-le nacrer 2 à 3 minutes à feu moyen afin que les grains deviennent translucides.
5. Versez le vin blanc et faites bouillir jusqu'à réduction presque complète du liquide.
6. Ajoutez 1 louche de bouillon, mélangez et laissez cuire à feu moyen jusqu'à ce que le riz l'ait totalement absorbée. Continuez ainsi la cuisson pendant 20 minutes environ à feu moyen en versant le bouillon louche après louche jusqu'à épuisement.
7. Ajoutez les petits pois et les herbes. Mélangez et poursuivez la cuisson 5 minutes.
8. Hors du feu, incorporez le parmesan et la crème. Salez modérément et poivrez. Servez sans attendre.

Risotto au vin rouge

Pour 4 personnes
Préparation : 10 min
Cuisson : 20 min

300 g de riz spécial risotto (Arborio ou Carnaroli)
1 gros oignon
15 cl de vin rouge
1 litre de bouillon de volaille très chaud
40 g de parmesan fraîchement râpé
3 branches de thym frais
1 cuillerée à soupe d'huile d'olive
sel, poivre

1. Pelez et émincez finement l'oignon. Dans une sauteuse, faites-le fondre 3 minutes sur feu doux avec l'huile d'olive.
2. Ajoutez le riz dans la sauteuse et laissez-le nacrer 2 à 3 minutes à feu moyen afin que les grains deviennent translucides.
3. Versez le vin rouge et faites bouillir jusqu'à réduction presque complète du liquide.
4. Ajoutez le thym et 1 louche de bouillon, mélangez et laissez cuire à feu moyen jusqu'à ce que le riz l'ait totalement absorbée. Continuez ainsi la cuisson pendant 20 minutes environ à feu moyen en versant le bouillon louche après louche jusqu'à épuisement.
5. Hors du feu, incorporez le parmesan. Salez modérément et poivrez. Servez sans attendre.

Spaghettis aux boulettes de bœuf

Pour 2 personnes
Préparation : 15 min
Cuisson : 5 min

200 g de spaghettis
250 g de bœuf haché
1 cuillerée à soupe de moutarde
1 cuillerée à soupe de paprika
40 g de pistaches
10 tiges de ciboulette
6 cuillerées à soupe de sauce tomate
2 cuillerées à soupe d'huile
sel, poivre

1. Décortiquez et hachez grossièrement les pistaches. Dans un grand saladier, mélangez la viande avec la moutarde, le paprika, les pistaches et la ciboulette hachée. Salez et poivrez. Façonnez des boulettes en les roulant avec la paume des mains.

2. Faites cuire les spaghettis al dente dans une grande casserole d'eau bouillante salée.

3. Dans une poêle, faites dorer les boulettes de viande avec l'huile. Ajoutez la sauce tomate et laissez mijoter 2 à 3 minutes.

4. Égouttez les spaghettis et mélangez-les à la sauce. Servez chaud.

Variante : ajoutez des pignons de pin à la préparation des boulettes.

Spaghettis au pesto de coriandre

Pour 2 personnes
Préparation : 5 min
Cuisson : 8 min

250 g de spaghettis
150 g de crevettes décortiquées
1 bouquet de coriandre
30 g de pignons de pin
1 cuillerée à café de gingembre frais râpé
1 gousse d'ail
1 tranche de pain de mie sans la croûte
3 cuillerées à soupe d'huile d'olive
sel, poivre

1. Préparez le pesto : mixez finement les feuilles de coriandre avec les pignons, le gingembre, la gousse d'ail pelée et dégermée, le pain de mie et l'huile d'olive. Salez, poivrez.
2. Faites cuire les spaghettis al dente dans une grande casserole d'eau bouillante salée.
3. Égouttez les spaghettis. Ajoutez les crevettes et le pesto.
4. Mélangez bien et servez chaud.

Variante : pour une recette plus traditionnelle, remplacez la coriandre par du basilic.

Penne au pesto rouge

Pour 2 personnes
Préparation : 10 min
Cuisson : 8 min

250 g de penne rigate
75 g de pistaches
1 gousse d'ail
75 g de tomates séchées
25 g de pignons de pin
20 g de parmesan fraîchement râpé
6 feuilles de basilic
3 cuillerées à soupe d'huile d'olive
sel, poivre

1. Décortiquez les pistaches. Pelez et dégermez la gousse d'ail.
2. Faites cuire les penne al dente dans une grande casserole d'eau bouillante salée.
3. Mixez ensemble les tomates séchées, l'ail, les pignons, les pistaches, le parmesan et le basilic. Ajoutez l'huile d'olive et 3 cuillerées à soupe de l'eau de cuisson des pâtes. Mixez à nouveau.
4. Égouttez les pâtes, mélangez-les à la sauce et servez chaud.

Torti à la sauce gorgonzola-noix

Pour 2 personnes
Préparation : 15 min
Cuisson : 15 min

250 g de torti
½ échalote
30 g de crème fraîche
40 g de gorgonzola
1 cuillerée à soupe de parmesan fraîchement râpé
15 g de cerneaux de noix
1 cuillerée à soupe d'huile
sel, poivre

1. Mixez les noix finement pour obtenir une poudre.
2. Faites cuire les torti al dente dans une grande casserole d'eau bouillante salée. Égouttez-les.
3. Pelez et émincez finement l'échalote. Faites-la fondre avec l'huile dans une poêle. Ajoutez la crème et le gorgonzola. Mélangez et laissez fondre. Salez.
4. Hors du feu, incorporez le poivre et le parmesan.
5. Mélangez la sauce aux pâtes et saupoudrez de noix mixées.

Mon conseil : vous pouvez ajouter quelques cerneaux de noix.

Pâtes aux lardons et aux œufs brouillés

Pour 2 personnes
Préparation : 5 min
Cuisson : 8 min

200 g de pâtes
100 g de lardons
3 œufs
3 ou 4 cuillerées à soupe de crème fraîche épaisse
sel, poivre

1. Faites revenir les lardons dans une poêle, sans ajout de matière grasse.
2. Faites cuire les pâtes al dente dans une grande casserole d'eau bouillante salée.
3. Jetez un peu du gras de cuisson des lardons et incorporez les œufs battus. Remuez avec une spatule pour détacher les œufs de la poêle, comme pour des œufs brouillés. Salez, poivrez.
4. Égouttez les pâtes et mélangez-les aux œufs. Ajoutez la crème fraîche, mélangez bien et servez chaud.

Tortiglioni au chorizo

Pour 4 personnes
Préparation : 10 min
Cuisson : 20 min

400 g de tortiglioni
1 oignon
80 g de chorizo
5 cl de vin blanc
1 boîte de tomates pelées concassées
2 branches de thym
1 feuille de laurier
½ cuillerée à café de paprika
sel, poivre

1. Pelez et émincez finement l'oignon. Enlevez la peau du chorizo et coupez-le en tranches. Faites revenir l'oignon et le chorizo dans une poêle sans ajout de matière grasse.
2. Versez le vin blanc, laissez évaporer puis ajoutez les tomates concassées. Incorporez le thym, le laurier, le paprika et laissez mijoter à couvert pendant 10 à 15 minutes.
3. Faites cuire les tortiglioni al dente dans une casserole d'eau bouillante salée.
4. Égouttez les pâtes et mélangez-les à la sauce. Servez chaud.

Pâtes au saumon fumé

Pour 2 personnes
Préparation : 10 min
Cuisson : 10 min

200 g de pâtes
100 g de saumon fumé
6 cuillerées à soupe de crème fraîche liquide
2 cuillerées à café de moutarde à l'ancienne
1 cuillerée à soupe de câpres
aneth
sel, poivre

1. Faites cuire les pâtes al dente dans une grande casserole d'eau bouillante salée.
2. Coupez le saumon en lanières.
3. Dans un bol, mélangez la crème avec la moutarde et les câpres.
4. Égouttez les pâtes et déposez-les dans un saladier. Ajoutez le saumon fumé et la sauce. Mélangez bien et rectifiez l'assaisonnement en sel et poivre si nécessaire. Décorez avec un brin d'aneth et servez aussitôt.

Cannellonis épinards-ricotta

Pour 6 cannellonis
Préparation : 20 min
Cuisson : 10 min

6 feuilles de lasagnes
150 g d'épinards surgelés
250 g de ricotta
2 cuillerées à soupe de pignons de pin
1 cuillerée à soupe de basilic ciselé
2 cuillerées à soupe d'huile d'olive
25 g de gruyère râpé
sel, poivre

1. Faites décongeler les épinards. Dans un saladier, mélangez les épinards avec la ricotta, les pignons et le basilic ciselé. Salez et poivrez.
2. Dans un grand volume d'eau bouillante salée, faites cuire les feuilles de lasagnes 1 à 2 minutes. Sortez-les délicatement avec une écumoire et déposez-les à plat sur un linge propre. Laissez-les un peu refroidir.
3. Déposez 1 bonne cuillerée à soupe de farce sur un petit côté des feuilles de lasagnes. Roulez les feuilles sur elles-mêmes de façon à former des cylindres.
4. Déposez les cannellonis dans un plat allant au four. Badigeonnez la surface d'huile d'olive avec un pinceau et saupoudrez de gruyère râpé. Enfournez et laissez gratiner sous le gril 3 à 4 minutes.

Mon conseil : servez avec une salade de tomates fraîches.

Lasagnes à la bolognaise

Pour 4 personnes
Préparation : 30 min
Cuisson : 30 min

8 à 10 feuilles de lasagnes (selon les dimensions du plat)
350 g de bœuf haché
1 oignon
1 petite boîte de tomates pelées concassées
50 g de parmesan fraîchement râpé
50 g de farine
50 g de beurre
50 cl de lait
1 cuillerée à café de thym frais
2 cuillerées à soupe d'huile d'olive + un peu pour le plat
sel, poivre

1. Préchauffez le four à 180 °C (th. 6).
2. Pelez et émincez finement l'oignon. Dans une sauteuse, faites-le revenir avec l'huile d'olive 3 minutes à feu doux.
3. Ajoutez la viande, les tomates pelées et le thym. Mélangez le tout et faites cuire 10 minutes sur feu moyen.
4. Dans une casserole, faites fondre le beurre à feu doux. Ajoutez la farine et faites cuire 2 minutes sans cesser de remuer avec un fouet pour avoir un roux blanc. Versez le lait petit à petit et laissez épaissir la préparation tout en mélangeant régulièrement jusqu'à l'obtention d'une béchamel bien homogène. Salez et poivrez.
5. Huilez le fond d'un plat à gratin et recouvrez-le de feuilles de lasagnes. Alternez ensuite en couches successives viande hachée, béchamel et lasagnes jusqu'à épuisement des ingrédients, en terminant par une couche de lasagnes recouverte de béchamel. Saupoudrez de parmesan.
6. Enfournez et faites cuire 30 minutes.

Lasagnes végétariennes aux aubergines

Pour 4 personnes
Préparation : 30 min
Cuisson : 30 min

6 à 9 feuilles de lasagnes (selon les dimensions du plat)
2 aubergines
1 oignon
1 petite boîte de tomates pelées concassées
2 feuilles de laurier
1 branche de thym
50 g de beurre
50 g de farine
50 cl de lait
50 g de gruyère râpé
huile d'olive
sel, poivre

1. Préchauffez le four à 180 °C (th. 6).
2. Lavez les aubergines et coupez-les en fines lamelles à l'aide d'une mandoline. Faites-les revenir dans une poêle avec un filet d'huile d'olive 3 minutes de chaque côté (ou cuisez-les 5 minutes à la vapeur).
3. Pelez et émincez l'oignon. Faites-le fondre dans une sauteuse avec un filet d'huile 3 minutes à feu doux. Ajoutez les tomates pelées, le thym et le laurier. Laissez cuire 10 minutes pour obtenir une sauce.
4. Dans une casserole, faites fondre le beurre à feu doux. Ajoutez la farine et laissez cuire 2 minutes sans cesser de remuer avec un fouet pour avoir un roux blanc. Versez le lait petit à petit et laissez épaissir la béchamel en mélangeant régulièrement. Salez et poivrez.
5. Recouvrez de béchamel le fond d'un plat à gratin puis déposez une couche de feuilles de lasagnes. Alternez ensuite en couches successives la sauce tomate, les aubergines, la béchamel et les lasagnes jusqu'à épuisement des ingrédients. Saupoudrez de gruyère râpé.
6. Enfournez et faites cuire 30 minutes.

Lasagnes au canard

Pour 4 personnes
Préparation : 20 min
Cuisson : 25 min

6 feuilles de lasagnes
1 oignon
1 blanc de poireau
1 magret de canard
2 escalopes de poulet
1 carotte
4 tomates
10 cl de vin blanc
1 cuillerée à café de cumin
40 g de gruyère râpé
2 cuillerées à soupe d'huile d'olive
sel, poivre

1. Préchauffez le four à 180 °C (th. 6).
2. Pelez et émincez l'oignon. Lavez et coupez le blanc de poireau en rondelles. Épluchez et râpez la carotte. Dans une sauteuse, faites fondre l'oignon, le poireau et la carotte avec l'huile d'olive. Salez et poivrez.
3. Mixez séparément le canard, le poulet et les tomates. Incorporez-les dans la sauteuse. Mélangez bien.
4. Ajoutez le vin blanc et le cumin. Laissez cuire 5 minutes sous couvert et rectifiez l'assaisonnement. Séparez les morceaux de viandes avec une spatule.
5. Dans un plat carré de 20 x 20 cm (dimension d'une feuille de lasagne), déposez 1 feuille de lasagne puis alternez en couches successives la garniture et les lasagnes. Terminez par une couche de viande et saupoudrez de gruyère râpé. Enfournez et laissez cuire 25 minutes.

Tagliatelles aux betteraves

Pour 2 ou 3 personnes
Préparation : 45 min
Cuisson : 5 min

2 œufs
200 g de farine + 20 g
75 g de betteraves
40 g de ricotta
1 cuillerée à soupe
de graines de pavot
sel, poivre

1. Pelez les betteraves et mixez-les jusqu'à l'obtention d'une purée homogène. Divisez celle-ci en deux parties.
2. Mélangez les œufs avec la farine et la moitié de la purée de betterave. Formez une boule de pâte. Ajoutez un peu de farine ou d'eau si nécessaire.
3. Étalez la pâte à la main ou utilisez une machine à pâtes. Farinez-la bien et découpez-la en tagliatelles.
4. Plongez les tagliatelles dans une grande casserole d'eau bouillante salée et laissez-les cuire 3 à 4 minutes. Égouttez-les.
5. Mélangez la ricotta au reste de purée de betterave. Salez et poivrez. Incorporez la sauce aux pâtes. Servez-les chaudes, parsemées de graines de pavot.

Raviolis au potiron

Pour 2 personnes
Préparation : 30 min
Cuisson : 1 h (le potiron)
3 min (les raviolis)

2 œufs
180 g de farine + 20 g
600 g de potiron
40 g de parmesan
fraîchement râpé
½ cuillerée à café
de muscade
sel, poivre

1. Préchauffez le four à 180 °C (th. 6). Coupez le potiron en cubes. Étalez-les sur la plaque du four, enfournez et laissez cuire pendant 1 heure. Passez la chair au presse-purée et incorporez le parmesan et la muscade. Salez et poivrez. Réservez.
2. Mélangez les œufs et la farine jusqu'à l'obtention d'une pâte souple et homogène. Pétrissez-la bien. Étalez-la sur 5 mm d'épaisseur.
3. Découpez des cercles de pâte à l'aide d'un emporte-pièce ou d'un verre. Déposez sur chaque cercle 1 petite cuillerée à café de farce. Humidifiez légèrement les bords de la pâte avec un peu d'eau froide. Repliez les cercles en deux, relevez les bords et ramenez les deux extrémités vers le centre.
4. Déposez les raviolis sur un plan de travail fariné et laissez-les sécher quelques minutes. Plongez-les dans une grande casserole d'eau bouillante salée et laissez-les cuire 3 à 4 minutes. Égouttez-les et servez.

Gnocchis de pommes de terre

Pour 3 ou 4 personnes
Préparation : 1 h
Cuisson : 30 min

550 g de pommes de terre type bintje
1 œuf
2 cuillerées à soupe de parmesan fraîchement râpé
90 g de farine + 20 g
sel

1. Préchauffez le four à 180 °C (th. 6). Lavez les pommes de terre et faites-les cuire 25 minutes au four.

2. Pelez les pommes de terre et passez-les au presse-purée. Incorporez le parmesan, l'œuf et la farine. Salez. Mélangez jusqu'à l'obtention d'une pâte homogène. Ajoutez un peu de farine si la pâte est trop collante.

3. Fractionnez la pâte en boules et façonnez des boudins d'environ 1 cm de diamètre. Coupez-les en morceaux de 1 à 2 cm de long et donnez-leur la forme de gnocchis en les roulant sur les dents d'une fourchette. Déposez-les sur un plan de travail fariné, légèrement espacés.

4. Plongez les gnocchis dans une grande casserole d'eau bouillante salée et laissez-les cuire environ 3 minutes jusqu'à ce qu'ils remontent à la surface. Égouttez-les et servez.

Gnocchis à la romaine

Pour 4 personnes
Préparation : 30 min
Cuisson : 25 min
Repos : 1 h

200 g de semoule moyenne
3 jaunes d'œufs
1 litre de lait demi-écrémé
90 g de parmesan fraîchement râpé
90 g de beurre
8 cl de crème liquide
sel, poivre

1. Faites chauffer le lait dans une casserole. Versez la semoule en pluie et faites cuire 10 minutes sur feu moyen en remuant de temps en temps.
2. Hors du feu, incorporez la moitié du parmesan et du beurre coupé en petits morceaux puis les jaunes d'œufs. Salez légèrement et poivrez.
3. Étalez la préparation sur la plaque du four et laissez refroidir 1 heure.
4. Préchauffez le four à 180 °C (th. 6).
5. À l'aide d'un emporte-pièce de 6 cm de diamètre (ou d'un verre), découpez des ronds de semoule. Disposez-les dans un plat à gratin, en ligne, en les faisant se chevaucher légèrement.
6. Dans une casserole, faites chauffer la crème avec le reste de parmesan et de beurre en remuant. Versez ce mélange sur les gnocchis de semoule.
7. Enfournez et faites cuire 25 minutes.

Sauce tomate

Pour 6 personnes
Préparation : 25 min
Cuisson : 30 min

900 g de tomates fraîches
1 oignon
2 gousses d'ail
5 feuilles de basilic
sel, poivre

1. Plongez les tomates dans une grande casserole d'eau bouillante pendant 30 secondes. Déposez-les 1 minute dans un grand récipient d'eau froide. Égouttez-les.
2. Pelez les tomates, coupez-les en morceaux et mettez-les dans une casserole. Ajoutez l'oignon pelé et émincé et les gousses d'ail dégermées et écrasées. Salez et poivrez. Faites cuire sur feu moyen pendant 20 minutes sous couvert.
3. Mixez longuement la préparation avec les feuilles de basilic lavées : la sauce doit être bien lisse.
4. Réchauffez la sauce tomate quelques instants avant de la verser sur les pâtes de votre choix.

Sauce pesto

Pour 4 personnes
Préparation : 15 min
Sans cuisson

1 beau bouquet de basilic
1 gousse d'ail
1 tranche de pain de mie
30 g de pignons de pin
3 cuillerées à soupe de parmesan fraîchement râpé
5 cuillerées à soupe d'huile d'olive

1. Lavez le basilic. Pelez la gousse d'ail. Humidifiez la tranche de pain et essorez-la.
2. Dans le bol d'un mixeur, déposez le basilic, l'ail, les pignons et le pain en morceaux. Mixez finement.
3. Ajoutez le parmesan et l'huile d'olive. Mixez de nouveau jusqu'à obtenir une pâte lisse.
4. Servez sur des pâtes cuites al dente.

Mon conseil : la sauce peut se garder au réfrigérateur 1 à 2 semaines ; ajoutez un filet d'huile à la surface pour bien la conserver.

Sauce bolognaise

Pour 4 personnes
Préparation : 15 min
Cuisson : 45 min

1 oignon
1 carotte
350 g de bœuf haché
4 cuillerées à soupe de vin blanc
30 cl de bouillon de bœuf
5 cuillerées à soupe de concentré de tomates
1 cuillerée à café de muscade
2 cuillerées à soupe d'huile

1. Pelez et émincez finement l'oignon. Épluchez et coupez la carotte en rondelles.
2. Dans une sauteuse, faites revenir l'oignon et la carotte avec l'huile 3 minutes à feu moyen. Ajoutez la viande et faites-la dorer 3 minutes en remuant.
3. Versez le vin blanc, laissez évaporer puis ajoutez le bouillon. Incorporez le concentré de tomates et la muscade. Couvrez et laissez mijoter 30 minutes à feu doux. Servez sur des pâtes cuites al dente.

Conseil : le bouillon étant déjà salé, il vaut mieux ne pas ajouter de sel.

Variante : pour une sauce plus traditionnelle, ajoutez des foies de volaille.

Sauce citron-parmesan

Pour 4 personnes
Préparation : 10 min
Cuisson : 10 min

400 g de pâtes
2 citrons non traités
20 cl de crème fraîche
65 g de parmesan fraîchement râpé
sel, poivre

1. Faites cuire les pâtes dans une grande casserole d'eau bouillante salée, en suivant les indications de l'emballage. Égouttez-les.

2. Prélevez le zeste des citrons. Recueillez 2 cuillerées à soupe de jus. Dans une casserole, faites chauffer la crème 2 minutes sur feu doux avec les zestes.

3. Ajoutez le parmesan, le jus de citron et poivrez. Versez sans attendre sur les pâtes.

Variante : incorporez des graines de pavot pour avoir un côté croquant.

Calamars à la confiture d'oignons

Pour 4 personnes
Préparation : 30 min
Cuisson : 25 min

Pour la confiture d'oignons :
3 gros oignons (600 g)
2 branches de thym
50 g de sucre semoule
2 cuillerées à soupe d'huile d'olive
4 cuillerées à soupe de vinaigre balsamique

Pour les calamars :
600 g de calamars coupés en rondelles
1 gros oignon
1 boîte de tomates pelées concassées (400 g environ)
1 cuillerée à café de thym frais
2 cuillerées à soupe d'huile d'olive
sel, poivre

1. Réalisez la confiture : pelez et émincez les oignons. Dans une sauteuse, faites-les revenir avec l'huile d'olive 3 à 4 minutes sur feu doux. Versez 10 cl d'eau et laissez compoter 10 minutes.
2. Ajoutez le sucre, le thym et le vinaigre. Couvrez et laissez cuire 5 minutes environ à feu doux jusqu'à ce que les oignons soient bien tendres. Réservez.
3. Cuisinez les calamars : pelez et émincez finement l'oignon. Faites-le revenir dans une sauteuse avec l'huile 2 minutes à feu doux.
4. Ajoutez les calamars, le thym et les tomates pelées. Couvrez et laissez cuire 10 minutes sur feu moyen. Salez et poivrez.
5. Servez aussitôt avec la confiture d'oignons. Accompagnez de riz blanc.

Espadon à la sicilienne

Pour 4 personnes
Préparation : 20 min
Cuisson : 30 min

4 tranches d'espadon
250 g de tomates
1 cœur de céleri
1 oignon
150 g d'olives vertes dénoyautées
1 cuillerée à soupe de câpres
1 bouquet de persil
2 cuillerées à soupe d'huile d'olive
sel, poivre

1. Pelez et émincez l'oignon. Lavez et ciselez le persil.
2. Coupez le cœur de céleri et les tomates en dés.
3. Dans une sauteuse, faites revenir l'oignon avec l'huile d'olive 3 minutes à feu doux. Ajoutez les dés de céleri et de tomates, le persil, les olives coupées en rondelles et les câpres. Salez, poivrez et mélangez le tout. Faites cuire 10 minutes sur feu doux.
4. Pendant ce temps, passez les tranches d'espadon sous un filet d'eau et essuyez-les avec du papier absorbant ; enlevez la peau.
5. Déposez les tranches d'espadon dans la sauteuse et recouvrez-les de sauce pour bien les imprégner. Laissez mijoter 15 minutes environ.

Une recette de Melancholia, proposée sur le forum du site Odelices.

Filets de merlan roulés aux olives

Pour 6 personnes
Préparation : 15 min
Cuisson : 10 min

12 petits filets de merlan
150 g d'olives vertes dénoyautées
3 cuillerées à soupe de câpres
3 cuillerées à soupe d'huile d'olive
sel, poivre

1. Préchauffez le four à 180 °C (th. 6).
2. Mixez finement les olives avec les câpres et l'huile d'olive pour obtenir une pâte.
3. Salez et poivrez les filets de poisson. Tartinez-les de pâte aux olives.
4. Roulez les filets sur eux-mêmes et maintenez-les avec une petite pique en bois. Déposez-les dans un plat allant au four.
5. Enfournez et faites cuire 10 minutes.

Boulettes de morue aux courgettes

Pour 4 personnes
Préparation : 30 min
Cuisson : 15 min
Trempage : 12 h

400 g de filet de morue
2 courgettes moyennes
1 échalote
2 gros œufs battus
10 cl d'huile d'olive

1. La veille, plongez la morue dans un saladier d'eau froide et laissez-la dessaler toute la nuit au réfrigérateur en renouvelant l'eau 2 ou 3 fois.
2. Égouttez le poisson. Émiettez la chair en veillant à ôter toutes les arêtes.
3. Lavez et râpez les courgettes. Déposez-les dans une passoire et pressez-les pour retirer l'excédent d'eau.
4. Pelez et hachez finement l'échalote.
5. Mélangez la chair de morue avec l'échalote, les courgettes et les œufs battus. Formez des boulettes avec cette préparation.
6. Faites chauffer l'huile dans une poêle puis faites revenir les boulettes jusqu'à ce qu'elles soient bien dorées. Égouttez-les sur un papier absorbant. Servez sans attendre avec une salade verte.

Pavés de saumon à la caprese au riz noir

Pour 4 personnes
Préparation : 30 min
Cuisson : 30 à 40 min (le riz), 15 min (le poisson)

4 pavés de saumon
240 g de riz noir
4 tomates
2 échalotes
2 boules de mozzarella au lait de bufflonne (250 g)
1 litre de bouillon de légumes chaud
1 cuillerée à soupe d'herbes de provence
1 cuillerée à soupe d'huile d'olive
sel

1. Pelez et émincez les échalotes. Dans une sauteuse, faites-les revenir avec l'huile d'olive 3 minutes sur feu doux.
2. Ajoutez le riz dans la sauteuse et laissez cuire 2 minutes en remuant.
3. Versez 1 louche de bouillon puis laissez cuire 30 à 40 minutes sur feu moyen jusqu'à ce que le riz soit tendre en ajoutant peu à peu le reste de bouillon (comme pour un risotto).
4. Pendant ce temps, préchauffez le four à 180 °C (th. 6).
5. Lavez les tomates et coupez-les en rondelles. Tranchez également la mozzarella en rondelles.
6. Déposez les pavés de saumon sur la plaque du four, côté peau contre la plaque. Salez-les puis répartissez en alternance les rondelles de saumon et de mozzarella. Saupoudrez d'herbes de provence.
7. Enfournez et faites cuire 15 minutes. Servez les pavés de saumon avec le riz bien chaud.

Rougets au vin blanc

Pour 4 personnes
Préparation : 20 min
Cuisson : 1 h

2 gros rougets de 500 g vidés et écaillés
2 bulbes de fenouil
1 échalote
10 cl de vin blanc
3 cuillerées à soupe d'huile d'olive
sel, poivre

1. Préchauffez le four à 180 °C (th. 6).
2. Pelez et émincez finement l'échalote.
3. Enlevez la première enveloppe des bulbes de fenouil ; coupez-les en fines lamelles.
4. Dans une sauteuse, faites chauffer l'huile puis faites revenir le fenouil avec les échalotes 3 minutes à feu moyen. Baissez le feu et laissez cuire 15 minutes environ jusqu'à ce que le fenouil soit bien tendre.
5. Déposez les rougets dans un grand plat allant au four et farcissez-les de fenouil. Salez et poivrez. Versez le vin blanc dans le plat.
6. Enfournez et faites cuire 1 heure.

Poulet au balsamique et aux tomates séchées

Pour 4 personnes
Préparation : 15 min
Cuisson : 25 min

4 blancs de poulet
6 tomates confites
1 échalote
1 gousse d'ail
2 cuillerées à soupe de miel
1 cuillerée à café de fécule de maïs
huile d'olive
5 cl de vinaigre balsamique
sel, poivre

1. Pelez et émincez finement l'échalote. Pelez et hachez la gousse d'ail.
2. Dans une sauteuse, faites dorer les blancs de poulet avec 2 cuillerées à soupe d'huile d'olive 5 minutes de chaque côté à feu moyen. Réservez-les sur une assiette.
3. Faites revenir l'échalote et l'ail dans la sauteuse (en ajoutant 1 cuillerée à soupe d'huile si nécessaire) 2 minutes. Ajoutez les tomates confites coupées en petits morceaux, le vinaigre, le miel, la fécule de maïs et 20 cl d'eau. Mélangez et laissez réduire 10 minutes environ pour épaissir la sauce.
4. Remettez les morceaux de poulet dans la sauteuse. Salez et poivrez. Poursuivez la cuisson quelques minutes pour les réchauffer. Servez aussitôt.

Saltimbocca de dinde au jambon cru

Pour 4 personnes
Préparation : 5 min
Cuisson : 15 min

4 escalopes de dinde bien fines (125 g environ chacune)
4 tranches de jambon fumé
4 grandes feuilles de sauge
10 cl de vin blanc
2 cuillerées à soupe d'huile d'olive
sel, poivre

1. Sur chaque escalope, déposez 1 tranche de jambon dégraissé puis 1 feuille de sauge. Enroulez l'escalope sur elle-même et maintenez avec une petite pique en bois. Salez et poivrez.
2. Dans une grande sauteuse, saisissez les escalopes avec l'huile d'olive à feu vif afin qu'elles soient dorées de tous côtés.
3. Déglacez avec le vin blanc. Couvrez et laissez cuire 10 minutes sur feu moyen.
4. Au moment de servir, faites réduire la sauce 3 à 4 minutes sur feu vif.

Filet de dinde aux olives

Pour 4 personnes
Préparation : 10 min
Cuisson : 25 min

600 g de filet de dinde
600 g de tomates pelées concassées
150 g d'olives vertes dénoyautées
1 gros oignon
5 cl de crème liquide allégée
2 feuilles de laurier
2 cuillerées à soupe d'huile d'olive
1 pincée de gros sel
1 pincée de poivre

1. Coupez la dinde en petits cubes ou en lamelles.
2. Coupez les olives en rondelles.
3. Pelez et émincez finement l'oignon. Dans une sauteuse, faites-le fondre 3 minutes à feu doux avec l'huile d'olive.
4. Ajoutez les morceaux de dinde dans la sauteuse, le gros sel, le poivre et les olives. Faites colorer la viande 5 minutes sur feu vif en remuant régulièrement.
5. Incorporez les tomates pelées et laissez réduire le liquide de cuisson.
6. Ajoutez la crème liquide et le laurier. Mélangez et poursuivez la cuisson à feu doux afin que la sauce prenne une consistance suffisamment épaisse. Servez aussitôt.

Paupiettes de veau aux champignons

Pour 4 personnes
Préparation : 20 min
Cuisson : 35 min

4 fines escalopes de veau
160 g de chair à saucisse
160 g de champignons de Paris
1 cuillerée à soupe de thym frais
10 cl de bouillon de légumes (ou d'eau)
sel, poivre

1. Préchauffez le four à 180 °C (th. 6).
2. Placez les escalopes entre deux feuilles de papier cuisson et aplatissez-les à l'aide d'un rouleau à pâtisserie.
3. Nettoyez et hachez les champignons. Mélangez-les avec la chair à saucisse. Saupoudrez de thym. Salez et poivrez cette farce.
4. Déposez un quart de la farce au milieu de chaque escalope. Rabattez d'abord les petits côtés sur la farce puis repliez les deux autres côtés. Maintenez le tout avec de la ficelle à rôti.
5. Rangez les paupiettes dans un plat allant au four. Arrosez de bouillon de légumes (ou d'eau). Enfournez et faites cuire 35 minutes.
6. Au moment de servir, faites réduire la sauce sur feu vif si nécessaire dans une petite casserole.

Escalopes de veau à la pancetta et à la sauge

Pour 4 personnes
Préparation : 5 min
Cuisson : 10 min

4 fines escalopes de veau
4 tranches de pancetta
4 feuilles de sauge
1 assiette de farine
10 cl de vin blanc
2 cuillerées à soupe d'huile d'olive

1. Placez les escalopes entre deux feuilles de papier cuisson et aplatissez-les à l'aide d'un rouleau à pâtisserie.
2. Déposez 1 tranche de pancetta et 1 feuille de sauge sur chaque escalope et maintenez-les avec une petite pique en bois. Passez les escalopes dans l'assiette de farine (secouez pour enlever l'excédent).
3. Faites chauffer deux poêles avec 1 cuillerée à soupe d'huile. Saisissez les escalopes deux par deux à feu vif puis faites-les cuire 3 à 5 minutes de chaque côté à feu moyen. Réservez au chaud sur une assiette.
4. Déglacez au vin blanc en laissant réduire 3 à 4 minutes.
5. Nappez les escalopes de sauce et servez.

Escalopes de veau panées à la milanaise

Pour 4 personnes
Préparation : 5 min
Cuisson : 10 min

4 escalopes de veau
2 œufs battus
1 assiette de farine
100 g de chapelure
4 cuillerées à soupe d'huile d'olive
sel, poivre

1. Essuyez les escalopes à l'aide d'un papier absorbant. Salez et poivrez.
2. Passez les escalopes dans la farine (secouez pour ôter l'excédent) puis dans l'œuf battu (égouttez-les un peu) et enfin dans la chapelure.
3. Faites chauffer deux poêles avec 2 cuillerées à soupe d'huile. Saisissez les escalopes deux par deux puis faites-les cuire 3 à 5 minutes de chaque côté, jusqu'à ce que la panure soit joliment dorée. Servez aussitôt.

Osso buco

Pour 4 personnes
Préparation : 10 min
Cuisson : 1 h 30

600 à 800 g de tranches de jarret de veau
1 oignon
20 g de farine
25 cl de bouillon de légumes
15 cl de vin blanc
1 boîte de pulpe de tomates (400 g)
2 cuillerées à soupe d'huile d'olive
sel, poivre

1. Pelez et hachez finement l'oignon.
2. Salez et poivrez les morceaux de viande. Roulez-les dans la farine (secouez pour ôter l'excédent).
3. Dans une cocotte, saisissez les morceaux de viande avec l'huile d'olive 3 minutes de chaque côté à feu vif. Réservez-les sur une assiette.
4. Faites dorer l'oignon dans la cocotte 2 à 3 minutes puis remettez les morceaux de viande.
5. Déglacez avec le vin puis ajoutez la pulpe de tomates et le bouillon. Couvrez et laissez cuire 1 h 30 à petits bouillons.

Polpettone d'agneau et carottes

Pour 8 personnes
Préparation : 20 min
Cuisson : 1 h
Repos : 1 h

350 g d'agneau haché
4 carottes
1 échalote
100 g de pain rassis
1 œuf
1 assiette de chapelure
1 petite tasse de lait
50 cl de bouillon de légumes
2 cuillerées à soupe d'huile d'olive
sel, poivre

1. Trempez le pain dans le lait puis essorez-le au maximum entre vos mains.
2. Pelez et hachez finement l'échalote.
3. Épluchez et coupez les carottes en rondelles.
4. Dans un saladier, mélangez la viande hachée, le pain et l'échalote. Ajoutez l'œuf et malaxez jusqu'à ce que le mélange soit homogène. Salez et poivrez.
5. Façonnez 3 pains de viande de taille moyenne. Placez-les 1 heure au réfrigérateur.
6. Roulez les pains dans la chapelure. Dans une sauteuse, faites-les dorer avec l'huile d'olive 5 minutes de chaque côté à feu moyen.
7. Ajoutez les carottes. Mouillez avec le bouillon, couvrez et laissez cuire 1 heure à feu moyen.

Polpettone au bœuf et aux blettes

Pour 8 personnes
Préparation : 45 min
Cuisson : 1 h 30
Repos : 1 h

350 g de bœuf haché
200 g de blettes (tiges et feuilles)
200 g de pommes de terre
50 g de jambon de pays
50 g de parmesan râpé
100 g de pain rassis
1 oignon
1 assiette de chapelure
1 petite tasse de lait
15 cl de vin blanc
4 cuillerées à soupe d'huile d'olive
sel, poivre

1. Faites cuire les pommes de terre 30 minutes à l'eau bouillante. Pelez-les et écrasez-les en purée.
2. Épluchez et hachez finement les blettes (tiges et feuilles) et l'oignon. Faites-les revenir dans une sauteuse avec 2 cuillerées à soupe d'huile 5 minutes à feu moyen. Couvrez et laissez mijoter 25 minutes. Égouttez l'excédent d'eau et laissez refroidir.
3. Trempez le pain dans le lait puis essorez-le.
4. Coupez le jambon en petits dés.
5. Dans un saladier, mélangez la viande hachée, la purée, le pain et le jambon. Ajoutez le mélange blettes-oignons, le parmesan et l'œuf. Malaxez la pâte jusqu'à ce qu'elle soit homogène. Salez et poivrez.
6. Façonnez 3 pains de viande de taille moyenne. Placez-les 1 heure au réfrigérateur.
7. Préchauffez le four à 180 °C (th. 6).
8. Roulez les pains dans la chapelure. Dans une cocotte allant au four, faites-les dorer avec le reste d'huile 3 minutes de chaque côté à feu vif. Versez le vin blanc et 15 cl d'eau dans la cocotte. Couvrez, enfournez et faites cuire pendant 1 heure.

Boulettes de bœuf aux courgettes

Pour 4 personnes
Préparation : 20 min
Cuisson : 10 min

350 g de bœuf haché
1 courgette (125 g)
1 oignon
50 g de chapelure
½ cuillerée à café de cumin en poudre
10 cl d'huile d'olive
sel

1. Épluchez et râpez la courgette.
2. Pelez et hachez finement l'oignon. Faites-le revenir dans une sauteuse avec 1 cuillerée à soupe d'huile d'olive 3 minutes à feu moyen.
3. Dans un saladier, mélangez la viande hachée, l'oignon, la courgette, la chapelure, le sel et le cumin. Façonnez des boulettes entre la paume de vos mains.
4. Enfilez 2 boulettes sur des piques en bois.
5. Faites chauffer le reste d'huile dans une poêle puis faites dorer les boulettes 10 minutes environ en les retournant régulièrement. Servez avec un taboulé bien frais.

Rôti de bœuf aux poivrons confits

Pour 6 personnes
Préparation : 30 min
Cuisson : 50 min

1 rôti de bœuf de 900 g
3 poivrons
1 gousse d'ail
1 cuillerée à soupe de romarin
3 cuillerées à soupe d'huile d'olive
sel, poivre

1. Posez les poivrons sur une plaque et passez-les 20 minutes sous le gril du four en les retournant régulièrement jusqu'à ce que la peau commence à noircir et cloquer.
2. Sortez les poivrons du four et enfermez-les bien hermétiquement dans un sac congélation ou une feuille de papier d'aluminium ; laissez-les tiédir.
3. Préchauffez le four à 180 °C (th. 6).
4. Pelez et dégermez la gousse d'ail ; hachez-la finement.
5. Pelez et épépinez les poivrons ; coupez-les en lanières. Mélangez-les dans un saladier avec l'ail, l'huile et le romarin.
6. Placez le rôti dans un plat allant au four. Salez et poivrez. Versez 5 cl d'eau dans le fond du plat. Enfournez et faites cuire 35 minutes. Servez sans attendre avec les poivrons marinés.

Amaretti

Pour 20 à 25 biscuits
Préparation : 30 min
Cuisson : 10 min

2 blancs d'œufs
125 g de poudre d'amandes
80 g de sucre semoule
125 g de sucre glace
2 cuillerées à soupe de farine

1. Préchauffez le four à 180 °C (th. 6).
2. Montez les blancs d'œufs en neige. Ajoutez petit à petit le sucre semoule et continuez de fouetter jusqu'à ce que la meringue soit bien ferme et brillante.
3. Dans un saladier, mélangez le sucre glace, la poudre d'amandes et la farine. À l'aide d'une maryse, incorporez ce mélange aux blancs d'œufs en les soulevant délicatement.
4. Versez la préparation dans une poche à douille et formez des petits tas sur une plaque à pâtisserie recouverte de papier sulfurisé.
5. Enfournez et faites cuire 10 minutes. Laissez tiédir les gâteaux avant de les décoller de la plaque.

Crostini aux amandes et aux abricots

Pour 20 à 30 biscuits
Préparation : 30 min
Cuisson : 30 min

2 gros œufs
100 g d'amandes entières
50 g d'abricots secs
220 g de farine
80 g de sucre semoule

1. Préchauffez le four à 180 °C (th. 6).
2. Dans un saladier, fouettez les œufs avec le sucre. Versez la farine et mélangez la pâte à la main. Incorporez les amandes et les abricots coupés en cubes.
3. Formez un boudin de pâte et aplatissez-le légèrement pour lui donner une forme ovale. Déposez-le sur la plaque du four recouverte de papier sulfurisé.
4. Enfournez et faites cuire 25 minutes.
5. À la sortie du four, laissez le boudin de pâte refroidir quelques minutes puis coupez-le en rondelles de 1 cm environ.
6. Disposez les gâteaux sur la plaque et passez-les au four 5 minutes environ afin de les faire joliment dorer.

Mon conseil : dégustez ces biscuits secs avec le café, le thé ou un verre de vin blanc bien sucré.

Panettone

Pour 6 à 8 personnes
Préparation : 20 min
Cuisson : 45 min
Repos : 1 h

450 g de farine de blé
1 sachet de levure de boulanger déshydratée
1 œuf entier + 2 jaunes
60 g de sucre semoule
100 g de raisins secs
50 g d'écorces d'orange
150 g de beurre fondu
15 cl de lait tiède

1. Réhydratez la levure dans 3 cuillerées à soupe de lait tiède. Laissez reposer 15 minutes.
2. Dans un saladier, mélangez la farine, la levure et le sucre. Ajoutez l'œuf entier et les jaunes, le reste de lait et le beurre fondu. Incorporez les raisins secs et les écorces d'orange. Mélangez les ingrédients à la main puis déposez la pâte sur un plan de travail et pétrissez-la 10 minutes en l'étirant bien pour chasser l'air.
3. Déposez la pâte dans un grand moule à cake et laissez reposer 45 minutes dans un endroit tempéré.
4. Préchauffez le four à 180 °C (th. 6).
5. Enfournez et faites cuire 45 minutes. Laissez refroidir le panettone avant de le découper.

Mon conseil : si vous avez une machine à pain, déposez les ingrédients dans le bac (sauf les raisins secs et les écorces d'orange) et lancez le programme pâte ; ajoutez les raisins et les écorces en milieu de programme. Continuez la recette comme ci-dessus.

Abricots rôtis aux amandes

Pour 4 personnes
Préparation : 15 min
Cuisson : 10 à 15 min

4 beaux abricots
6 biscuits à la cuiller (50 g)
30 g d'amandes entières
2 cuillerées à soupe de sucre glace
30 g de beurre fondu
2 cuillerées à soupe de marsala

1. Préchauffez le four à 180 °C (th. 6).
2. Lavez les abricots, coupez-les en deux et retirez le noyau.
3. Hachez les amandes en petits morceaux. Émiettez les biscuits.
4. Dans un saladier, mélangez les biscuits avec les amandes, le marsala et le beurre.
5. Répartissez le mélange dans les oreillons d'abricots puis saupoudrez de sucre glace.
6. Enfournez et faites cuire 10 à 15 minutes. Servez tiède ou froid.

Gâteau de ricotta aux poires

Pour 6 personnes
Préparation : 20 min
Cuisson : 30 min

3 poires bien mûres
250 g de ricotta
2 gros œufs
50 g de fécule de maïs
200 g de sucre semoule
30 g de beurre

1. Préchauffez le four à 180 °C (th. 6).
2. Dans un saladier, fouettez les œufs avec 150 g de sucre. Incorporez la ricotta et la fécule de maïs.
3. Versez le mélange dans un moule à manqué de 24 cm de diamètre. Enfournez et faites cuire 30 minutes.
4. Pendant ce temps, pelez les poires, coupez-les en deux et ôtez le cœur. Détaillez la chair en fines lamelles.
5. Dans une poêle, faites chauffer le beurre sur feu moyen. Ajoutez les poires avec le reste de sucre. Laissez cuire 5 à 10 minutes jusqu'à ce qu'elles soient tendres et légèrement caramélisées. Laissez refroidir.
6. Démoulez le gâteau et laissez refroidir au réfrigérateur. Recouvrez de lamelles de poires.

Gâteau au chocolat et aux amandes

Pour 6 à 8 personnes
Préparation : 20 min
Cuisson : 20 à 25 min

4 œufs
80 g de farine
150 g de poudre d'amandes
3 cuillerées à soupe de cacao
150 g de sucre semoule
sucre glace
140 g de beurre fondu
1 cuillerée à soupe d'amaretto
beurre pour le moule

1. Préchauffez le four à 180 °C (th. 6).
2. Séparez les blancs d'œufs des jaunes. Dans un saladier, fouettez les jaunes avec le sucre semoule jusqu'à ce que le mélange blanchisse. Incorporez la farine, la poudre d'amandes, le cacao, l'amaretto et le beurre fondu.
3. Fouettez les blancs d'œufs en neige ferme. Incorporez-les délicatement au mélange précédent.
4. Versez la préparation dans un moule à manqué légèrement beurré. Enfournez et faites cuire 20 à 25 minutes. Laissez refroidir.
5. Saupoudrez le gâteau de sucre glace et servez.

Glace au mascarpone

Pour 4 personnes
Préparation : 10 min
Sans cuisson
Temps de prise en glace selon la machine

500 g de mascarpone
3 blancs d'œufs
150 g de sucre semoule
15 cl de lait

1. Dans un saladier, fouettez vigoureusement le mascarpone avec le lait. Ajoutez le sucre et mélangez.
2. Montez les blancs d'œufs en neige ferme puis incorporez-les délicatement au mélange précédent.
3. Versez la préparation dans une sorbetière ou une turbine et faites prendre en glace. Servez sans attendre ou réservez au congélateur.

Granité à la pastèque

Pour 50 cl de granité
Préparation : 10 min
Cuisson : 2 min
Congélation : 4 h

500 g de chair de pastèque
200 g de sucre semoule
15 cl d'eau
le jus de 1 citron (facultatif)

1. Versez l'eau et le sucre dans une casserole puis portez à ébullition en fouettant. Laissez refroidir ce sirop.
2. Mixez la chair de la pastèque avec le jus de citron. Ajoutez le sirop et mélangez. Tamisez au chinois afin d'obtenir une purée bien fluide.
3. Versez-la dans un récipient plat et placez 4 heures au congélateur afin que la préparation fige.
4. Grattez le granité à l'aide d'une fourchette de façon à le détacher en paillettes.

Verrines au fromage blanc et aux pêches

Pour 6 personnes
Préparation : 30 min
Cuisson : 10 min

900 g de pêches non traitées
600 g de fromage blanc
300 g de sucre semoule
30 cl de lait
8 g d'agar-agar

1. Lavez les pêches et coupez-les en deux (sans les peler) puis en petits cubes.
2. Dans une casserole, déposez les cubes de pêche et 200 g de sucre. Faites cuire 10 minutes environ à feu doux jusqu'à obtenir une compotée.
3. Ajoutez 2 g d'agar-agar, mélangez et poursuivez la cuisson 30 secondes. Retirez du feu.
4. Mixez la compotée de pêches et réservez.
5. Diluez le reste d'agar-agar dans le lait et faites chauffer dans une casserole jusqu'à ébullition. Baissez le feu et laissez frémir 30 secondes. Hors du feu, incorporez le fromage blanc.
6. Les deux préparations vont commencer à gélifier en refroidissant : répartissez-les rapidement dans les verrines, en alternant les couches. Entreposez éventuellement les verrines 3 minutes au congélateur entre chaque couche.

Semifreddo au chocolat

Pour 6 personnes
Préparation : 20 min
Cuisson : 2 min
Congélation : 6 h

75 g de chocolat noir
2 œufs
60 g de sucre semoule
20 cl de crème liquide entière

1. Déposez le chocolat cassé en morceaux dans un saladier.
2. Dans une casserole, faites bouillir la crème. Versez-la sur le chocolat et remuez avec un fouet jusqu'à ce qu'il soit fondu et le mélange bien homogène. Laissez refroidir.
3. Séparez les blancs d'œufs des jaunes. Dans un saladier, fouettez les jaunes avec le sucre. Ajoutez le chocolat fondu et mélangez.
4. Montez les blancs en neige ferme. Incorporez-les délicatement au mélange chocolaté.
5. Répartissez la préparation dans 6 moules à muffins ou ramequins. Faites prendre 6 heures au congélateur.

Semifreddo aux myrtilles

Pour 6 personnes
Préparation : 20 min
Cuisson : 5 min
Congélation : 6 h

250 g de myrtilles
250 g de mascarpone
100 g de meringues
100 g de sucre semoule
2 œufs

1. Dans une casserole, déposez les myrtilles et le sucre. Faites cuire 5 minutes environ sur feu moyen jusqu'à avoir un coulis. Laissez refroidir.
2. Séparez les blancs d'œufs des jaunes. Dans un saladier, fouettez les jaunes avec le sucre. Ajoutez le mascarpone et le coulis de myrtilles bien froid.
3. Montez les blancs en neige ferme. Incorporez-les délicatement au mélange à la myrtille.
4. Brisez grossièrement les meringues et ajoutez les morceaux à la mousse de myrtilles.
5. Répartissez la préparation dans 6 mini-moules à bûche ou à cake. Faites prendre 6 heures au congélateur.
6. Sortez les semifreddo 15 minutes avant de servir.

Tiramisu au café

Pour 4 personnes
Préparation : 30 min
Sans cuisson
Réfrigération : 2 h

24 biscuits à la cuiller
250 g de mascarpone
4 petits œufs
100 g de sucre semoule
1 tasse de café fort
2 cuillerées à soupe de cacao en poudre amer

1. Séparez les blancs d'œufs des jaunes. Dans un saladier, fouettez les jaunes avec le sucre jusqu'à ce que le mélange blanchisse. Ajoutez peu à peu le mascarpone en fouettant pour rendre le tout bien homogène.
2. Montez les blancs en neige ferme et incorporez-les délicatement au mélange précédent.
3. Dans un bol, diluez le café avec 2 cuillerées à soupe d'eau. Trempez rapidement la moitié des biscuits dans le café et disposez-les au fur et à mesure dans 4 bols (3 biscuits par bol).
4. Répartissez une première couche de crème au mascarpone puis disposez à nouveau 3 biscuits imbibés de café dans chaque bol. Recouvrez avec le reste de crème.
5. Réservez les tiramisu 2 heures minimum au réfrigérateur. Saupoudrez de cacao juste avant de servir.

Tiramisu à la fraise

Pour 6 personnes
Préparation : 30 min
Sans cuisson
Réfrigération : 2 h

24 biscuits à la cuiller
250 g de mascarpone
800 g de fraises
4 œufs
50 g de sucre semoule
4 cuillerées à soupe
de rhum (facultatif)

1. Séparez les blancs d'œufs des jaunes. Dans un saladier, fouettez les jaunes avec le sucre jusqu'à ce que le mélange blanchisse. Ajoutez peu à peu le mascarpone en fouettant pour rendre le tout bien homogène.
2. Montez les blancs en neige ferme et incorporez-les au mélange précédent.
3. Lavez les fraises. Mixez-en 100 g pour obtenir un coulis en incorporant un peu d'eau s'il est trop épais. Ajoutez le rhum.
4. Trempez rapidement la moitié des biscuits dans le coulis puis disposez 2 biscuits par verrines. Ajoutez des fraises coupées en deux tout autour. Versez la moitié de la crème au mascarpone par-dessus puis recouvrez avec 2 biscuits imbibés de coulis. Terminez par une couche de crème au mascarpone. Décorez de morceaux de fraises.
5. Réservez le tiramisu 2 heures minimum au réfrigérateur.

Verrines cerises-citron

Pour 4 personnes
Préparation : 15 min
Cuisson : 15 min
Repos : 30 min

450 g de cerises
2 œufs
10 cl de jus de citron
150 g de sucre semoule
2 cuillerées à café
de fécule de maïs

1. Lavez et dénoyautez les cerises. Dans une casserole, faites-les compoter avec 50 g de sucre 15 minutes sur feu moyen. Laissez refroidir.
2. Délayez la fécule de maïs avec 2 cuillerées à soupe de jus de citron.
3. Dans un saladier, fouettez les œufs avec le reste de sucre et de jus de citron. Incorporez la fécule de maïs délayée.
4. Versez la préparation dans une casserole et faites cuire 5 minutes environ sur feu doux jusqu'à épaississement, en remuant régulièrement avec un fouet. Laissez refroidir.
5. Répartissez les cerises dans 4 verrines puis recouvrez de crème au citron. Placez 30 minutes minimum au réfrigérateur.

Limoncello maison

Pour 1 litre de boisson
Préparation : 10 min
Cuisson : 5 min
Macération : 2 à 6 mois

3 beaux citrons non traités
350 g de sucre semoule
50 cl d'alcool à 90 ° (en pharmacie)
50 cl d'eau

1. Rincez les citrons et prélevez les zestes (sans la partie blanche très amère de l'écorce).
2. Versez l'alcool dans une bouteille et ajoutez les zestes de citron. Fermez bien hermétiquement et laissez macérer 2 à 6 mois à l'abri de la lumière.
3. Une fois le temps de macération écoulé, filtrez l'alcool.
4. Dans une casserole, portez à ébullition l'eau et le sucre puis laissez cuire 5 minutes à petits bouillons afin d'obtenir un sirop. Laissez refroidir.
5. Mélangez le sirop à l'alcool filtré. Servez bien frais.

Mon conseil : lorsque vous achetez l'alcool à 90 ° en pharmacie, précisez bien de l'alcool pour la conservation des fruits (pour ne pas vous retrouver avec de l'alcool camphré).

Pour une variante à l'orange : réalisez la même recette avec des zestes d'oranges non traitées.

Liqueur de cassis

Pour 1,5 litre de boisson
Préparation : 30 min
Cuisson : 5 min
Macération : 3 à 4 mois

400 g de cassis
350 g de sucre semoule
75 cl de vin blanc sec
50 cl d'alcool à 90 °
(en pharmacie)
50 cl d'eau

1. Mixez finement les cassis. Mélangez cette purée avec l'alcool puis versez dans une bouteille. Fermez bien hermétiquement et laissez reposer 3 à 4 mois à l'abri de la lumière.
2. Une fois le temps de macération écoulé, filtrez l'alcool de cassis.
3. Dans une casserole, portez à ébullition l'eau et le sucre puis laissez cuire 5 minutes à petits bouillons afin d'obtenir un sirop. Laissez refroidir.
4. Mélangez l'alcool de cassis avec le sirop puis ajoutez le vin blanc.
5. Versez la liqueur dans 2 bouteilles de 75 cl.

Mon conseil : lorsque vous achetez l'alcool à 90 ° en pharmacie, précisez bien de l'alcool pour la conservation des fruits (pour ne pas vous retrouver avec de l'alcool camphré).

ÉQUIVALENCES

MESURES LIQUIDES

SYSTÈME MÉTRIQUE	SYSTÈME AMÉRICAIN	AUTRE NOM
5 ml	1 cuillère à thé (cuillère à café française)	
15 ml	1 cuillère à table (cuillère à soupe française)	
35 ml	1/8 cup (tasse française)	1 oz (ou once)
65 ml	1/4 cup ou 1/4 grand verre	2 oz
125 ml	1/2 cup ou 1/2 grand verre	4 oz
250 ml	1 cup ou 1 grand verre	8 oz
500 ml	2 cups ou 1 pinte	
1 litre	4 cups ou 2 pintes	

MESURES SOLIDES

SYSTÈME MÉTRIQUE	SYSTÈME AMÉRICAIN	AUTRE NOM
30 g	1 oz	
55 g	1/8 lbs	2 oz
115 g	1/4 lbs	4 oz
170 g	3/8 lbs	6 oz
225 g	1/2 lbs	8 oz
454 g	1 livre	16 oz

CHALEUR DU FOUR

CHALEUR	° CELSIUS	THERMOSTAT	° FAHRENHEIT
Très doux	70 °C	Th. 2-3	150 °F
Doux	100 °C	Th. 3-4	200 °F
	120 °C	Th. 4	250 °F
Moyen	150 °C	Th. 5	300 °F
	180 °C	Th. 6	350 °F
Chaud	200 °C	Th. 6-7	400 °F
	230 °C	Th. 7-8	450 °F
Très chaud	260 °C	Th. 8-9	500 °F

© 2013 Mango
Tous droits de traduction, de reproduction et d'adaptation strictement réservés pour tous pays.

www.mangoeditions.com

© Textes et photos : Marie-Laure Tombini
© Photo couverture et p.179 : Nathanaël Turpin-Griset — Stylisme : Géraldine Sauvage.

Édition : Barbara Sabatier et Adèle Vay - **Direction artistique :** Chloé Eve
Maquette : Natacha Marmouget - **Fabrication :** Thierry Dubus et Sabine Marioni

N° d'édition : M14060 - **ISBN :** 9782317001314 - **Code MDS :** 73391
Photogravure : Amalthéa
Achevé d'imprimer en avril 2014 par C&C Offset Printing Ltd., Chine
Dépôt légal : mars 2013
Édition N°3

FEUILLETEZ
TOUTE LA
COLLECTION
SUR
www.mangoeditions.com

CUISINE
CHIC
MANGO
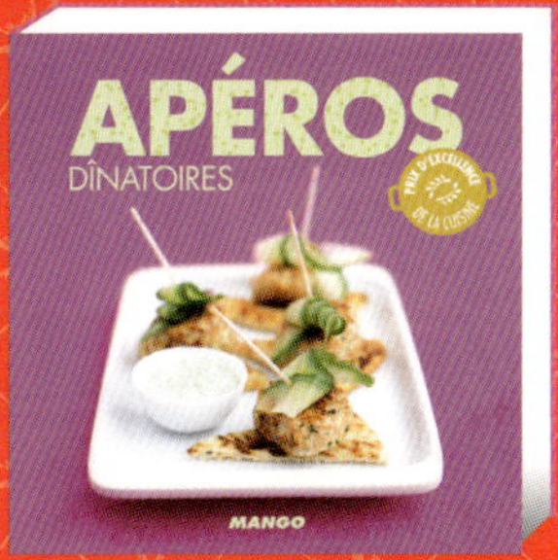
APÉROS
DÎNATOIRES
MANGO

RECETTES AU
CHOCOLAT
MANGO

PETITES
DOUCEURS
MANGO

COCOTTES
ET MIJOTÉS
MANGO

RECETTES À
PETIT PRIX
MANGO

CUISINE
BISTROT
MANGO

RECETTES MADE IN
USA
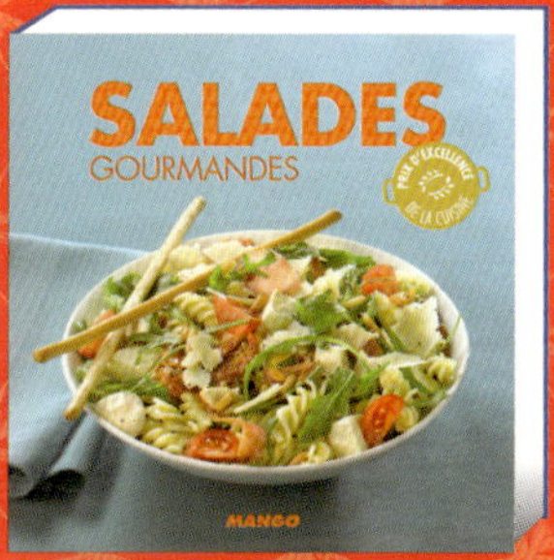
SALADES
GOURMANDES
MANGO

MAROC
MANGO

RECETTES
EXPRESS
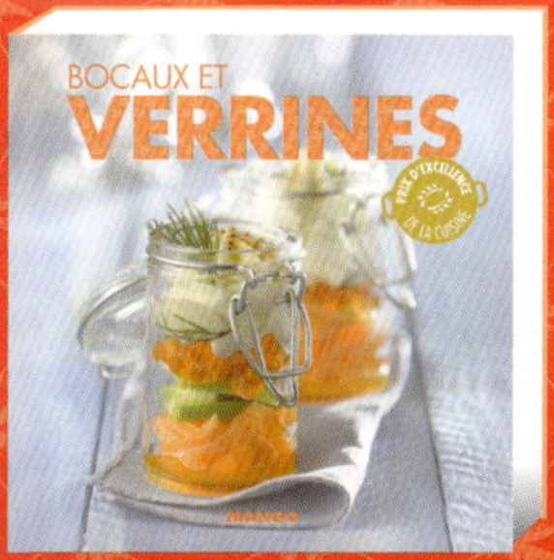
BOCAUX ET
VERRINES